Children's Lala-bies
Poemas Para El Alma

Autora: Alejandra "Lala" Bustos
Ilustradora: Zeina Massoud
Editora: Cristina Juárez
Formato: Pierre Hancock

Nota del autor:

Este libro de poesía fue escrito con el propósito de que todos los padres lo lean a sus hijos. El tiempo invertido en leer estos poemas afirmativos te dará como resultado lazos más fuertes con tus hijos.

Padres, comienza leyendo un poema cada noche a tu hijo/s. Toma este tiempo para crear momentos juntos que recordarán toda la vida.

Niños, los invito a que lean este libro de poesía por si mismos.

Espero que las palabras en las páginas siguientes te animen y te inspiren a realizar todo lo que quieres ser. Gracias por permitirme compartir mi corazón contigo. ¡Dios te bendiga!

LalabiesPublisher.com

Mi Linda Criatura

Mi linda criatura,
mírate en el espejo
todos los días,

dite a ti mismo las afirmaciones
positivas que ves
y las que sientes en ti.

Dite a ti mismo . . .

Soy belleza.

Soy fuerza.

Soy inteligencia.

Soy atento.

Soy dedicación.

Soy energía.

Soy amor.

Soy grandeza.

Soy felicidad.

Soy agradecido.

Siéntete libre querido mío de agregar lo que desees a esta lista de afirmaciones.

Dítelo a ti mismo
a cada momento
para ser mejor
todos los días de la semana,
para ser genial
cada mes,
para tener confianza
cada año,
para que vivas
un vida fenomenal.

Yo Soy Inteligente

Ya Es Tuyo

Alegría, felicidad, dicha,
　　y una gran sonrisa ya la tienes.

Sé agradecido, de buen corazón,
　　y apreciativo de tus bienes.

Amar, abrazar, besar,
　　y dar la mano es lo que siempre puedes hacer.

Practícalo, vívelo, disfrútalo,
　　y dáselo al mundo e increíble vas a ser.

Canta, baila, siente,
　　y vuela por encima de
　　　　todo para que lo puedas ver.

¡Sueña, desea, actúa,
　　y sigue adelante . . .
　　　　porque todo es tuyo si tu lo crees!

Mi Querido Hijo

Hijo mío, déjame abrazarte que te amo yo a ti.

Cuando no estoy a la vista, recuerda estoy aquí.
    A tu lado y listo para ayudarte si caes de espaldas.

La realidad es que caerás no una, ni dos, sino muchas veces,
    lo que incluso podría hacerte derramar una lágrima.

Recuerda que estoy orgullosa de que hayas tomado esos pasos
    que te dieron la oportunidad de caer.

Porque es mejor tratar y caer,
    que jugar a lo seguro y nunca grande ser.

Nunca dudes en ir más allá solo
    porque crees que eres muy pequeño.

Anímate, da lo mejor de ti,
    conquista, y pon todo tu empeño.

Tu Deseo . . .

Bebé, al ir creciendo te nacerá un deseo . . . ,
Un deseo por el que tendrás que sacrificarte
pero valdrá la pena, eso lo creo.

Ese deseo será tu objetivo
que definitivamente puedes lograr . . .
pero tienes que creer.

Mantente enfocado para alto llegar.
Tu lo puedes hacer . . .

Recuerda seguir tus pasiones . . .
no solo lo pienses.

Llévalo acabo con tus acciones.
Es tu deseo eso lo sientes . . .

Determina tus metas.
No hay nada que no puedas hacer . . .
pero no será fácil,

Pon el esfuerzo, haz las cosas . . .
y la vida se volverá más fácil.

La Bendición

Aquí tienes tu bendición, hija mía:

Fuiste tan maravillosa hoy
     como lo serás toda tu vida.

Te llenaré de felicidad
     cuando sientas tristeza,

El amor, la felicidad,
     y paz es nuestra riqueza.

En las buenas y malas
     no te olvides de mí,

Somos un equipo de amor quiero lo mejor para ti.

Juntas ganaremos campeonatos
     y triunfaremos hasta arriba,

Incluso en nuestras pérdidas
     y caídas seguiremos viviendo una buena vida.

Eres un Milagro de la Vida

El nacimiento de un niño
es un milagro de la vida,

Crecer a tu máximo potencial
será tu lucha y tu gira.

Puedes ser lo que quieras ser,

Cree, ama, y vive en paz
para aprender.

Permite que la belleza del mundo
te inspire a volar,

Ve la belleza en ti mismo
y el mundo ve a explorar.

Eres un niño enviado del cielo,

Eres el premio gordo de la suerte,
eso lo creo.

Ya tienes lo que necesitas
para ser el mejor,

¡Así que valientemente sal y conquista
que tienes voz!

Tú Serás

Querida hija,
    ya veo lo increíble que serás,

Inteligente, creativa y humilde,
    sé que todos lo verán.

Una gran líder para esta nación llegarás a ser,

Para enorgullecer a tu gente y demostrar
    que los sueños siempre se pueden hacer.

La confianza, la lealtad, y la fe
    estarán en tu corazón,

El optimismo te ayudará a sonreír
    y mantener la fe durante lo peor..

Por supuesto que tendrás momentos de lucha
    y momentos de duda,

Pero supéralo porque
    tu enfoque es claro no habrá duda.

Espero tu brillante futuro;
    y para ti estaré aquí,

Guiándote, amándote, moldeandote con
    el mayor cuidado porque yo te quiero a ti.

Yo Te Prometo

Dedos Cruzados

Te lo Prometo, Dedos Cruzados

Te prometo . . . con los dedos cruzados,
que siempre te amaré vas a ver,

Te lo prometo . . . con los dedos cruzados,
daré todo para ayudarte a crecer.

Te lo prometo . . . con los dedos cruzados,
te sonreiré todos los días,

Te lo prometo . . . con los dedos cruzados,
te abrazaré y besaré para alegrarte tu día.

Te lo prometo . . . con los dedos cruzados,
te preguntaré todos los días, "¿Cómo estás?"

Te prometo . . . con los dedos cruzados,
escuchar completamente y no juzgar como vas.

Te prometo . . . con los dedos cruzados,
hacer todo lo posible para guiarte por el buen camino,

Te prometo . . . con los dedos cruzados,
estar a tu lado en la oscuridad
durante el pasaje de tu destino.

No Hay Sustituto Para El Trabajo Duro

No hay sustituto para el trabajo duro,
así que tienes que trabajar.

Recuerda que el trabajo duro siempre vale la pena,
así que comienza y no se te olvide respirar.

Establece tu pasión para avanzar,
definitivamente valdrá la pena ya verás.

Habrá desafíos, pero sigue trabajando
a través de todos y exitoso tú serás.

Tu dedicación, autodisciplina y entusiasmo
te ayudará a tener abundancia en la vida,

Y el progreso en ti y en tus planes
será tu fruto de una buena vida.

Entonces, trabaja tan duro como
lo necesites con todo tu corazón.

Obtendrás todo lo que deseas porque
realmente existen infinitas posibilidades,
y verás que tengo la razón.

Sé Tú Mismo

Acéptate A Ti Mismo

Perdónate
A Ti
Mismo

Confía
En Ti
Mismo

Empodérate

Ámate A Ti Mismo

Encuentra Tu Propósito

Bebé, naciste con un propósito,

Encuentra tu propósito y vive para eso.

Siente tu corazón y empuja por eso.

Usa tu fuerza para llegar a eso.

Siente tu poder para conquistar eso.

Hazlo posible y triunfa en eso.

No vivas con miedo, levántate y busca eso.

Esa es tu pasión, recuerda eso.

Eso es lo que quieres, cree en eso.

Mantén tu fe, nunca pierdas eso.

Naciste con un propósito, valora eso.

Amor, Paz y Felicidad

Hija mía, eres amor, por lo tanto amarás,

Serás hermosa y pura, como una paloma volarás.

Tranquilidad en tu cuerpo y alma, mantendrás,

Serás positiva, fuerte, y tu calma permanecerá.

La felicidad llegará a cada paso hacia tu destino,

Sonríe, disfruta y vive cada momento de tu camino.

Lo Tienes Todo

Lo tienes todo; la llama en tu alma
y las alas para volar.

Un espíritu de valor
y un corazón para explorar.

Una pasión por la vida
y una mente para triunfar.

El poder de la voz
y la libertad de respirar.

Los ojos llenos de concentración
y la fe para crecer.

Lo tienes todo,
ve y deja que el mundo lo pueda ver.

Hoy fue mejor gracias a ti.

Gracias A Ti

El sol brilla como tú brillas para mi.

La luna se ilumina a través de ti.

Las estrellas están afuera para celebrarte a ti,

Y hoy fue un día mejor gracias a ti.

Gracias a ti florecieron las flores,

Todos los pájaros volaron hacía ti.

El aire te está llamando a ti.

El mundo gira alrededor de ti.

Y hoy fue un día mejor
gracias a ti.

Sé

Sé sincero—
  porque la honestidad te llevará hacia adelante,

Sé leal—
  porque la confianza ganará al instante.

Sé humilde—
  porque la bondad traerá una gran alegría,

Se considerado—
  los modales son parte de un mejor día.

Se cortés—
  porque la amabilidad alcanzará a los demás,

Se paciente—
  porque el autocontrol te dará más.

Sé justo—
  para que brille la calidad de tu humanidad,

Sé un donante—
  porque compartir te traerá felicidad.

Sé . . . bebé.

¡Oh, Sí!

Ama, hoy, mañana,
después, y nuevamente,

Abraza, a tu hermano, a tu
hermana, a tu padre, a tu
madre, a todos orgullosamente.

Besa al espejo, a tu vecino,
al cielo, a la izquierda,
y a la derecha,

Sonríe, por la mañana,
durante el día, por la noche,
y en cualquier fecha.

Da, tu corazón, tu bendición,
una mano, y lo mejor de ti,

Vive, cada segundo,
cada minuto, cada hora,
¡Oh, sí!

Qué Especial Eres Para Mí

Estoy buscando las palabras para decirte
lo especial que eres para mí,

Cuando pienso en ti, puedo derramar una lágrima
con una sonrisa por lo agradecida
que estoy de que seas parte de mí.

Me encanta tu sonrisa
y tu actitud positiva que es la base.

Amo tus manos, tus ojos,
y las cosas buenas que siempre haces.

Admiro tu fuerza
y tu alma tan trabajadora,

Tu enfoque y tu dedicación de luchadora.

Eres tan especial para mí y para el universo,

TE AMO
con todo mi corazón, cuerpo, y alma,
y para ti son estos versos.

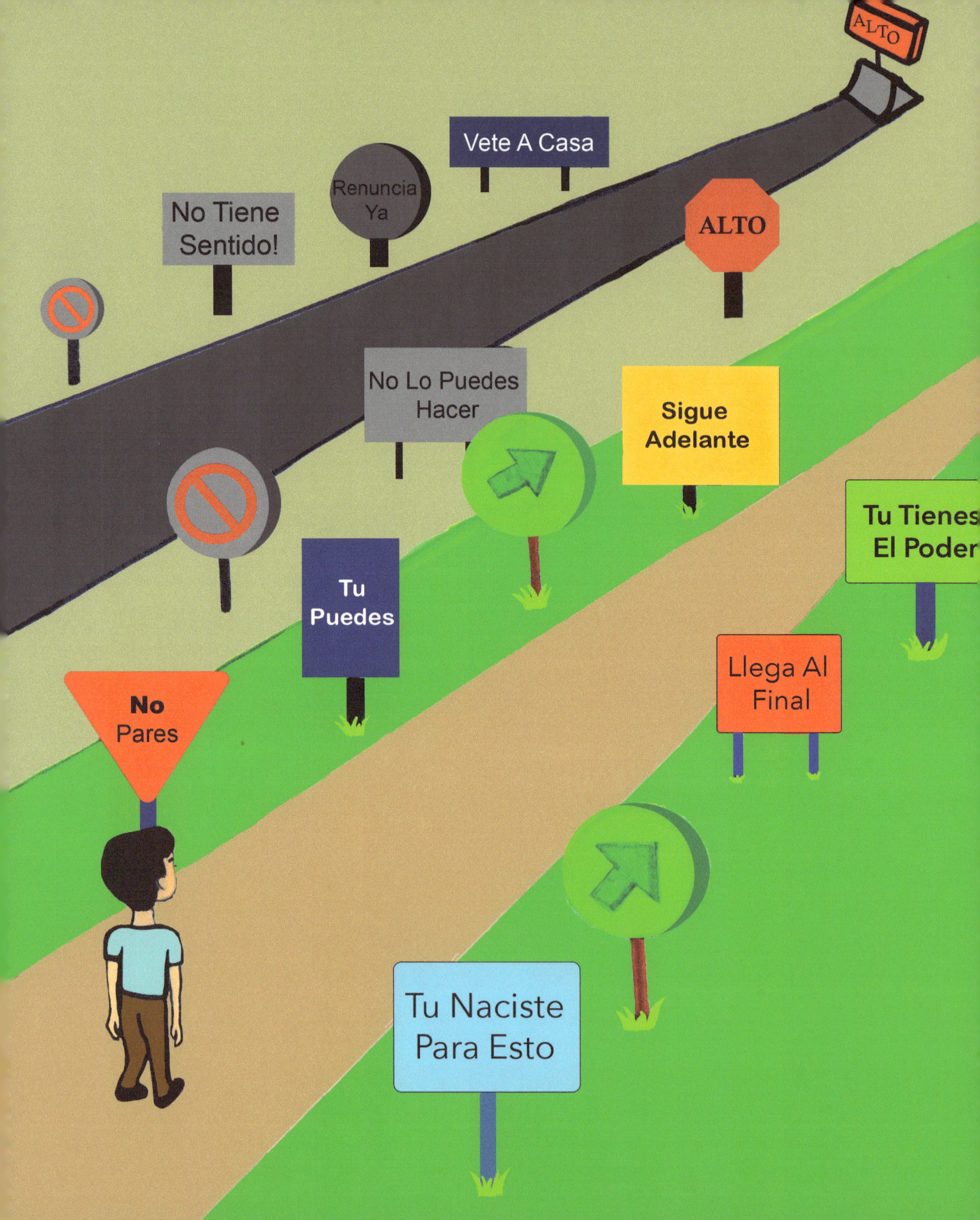

Tu Camino

Confía en tu alma
cuando te dice qué hacer,

Cree que es correcto,
sigue tu camino
hasta el final para ver.

La luz brilla sobre ti,
todo está bien
y tu carácter va crecer.

Ese camino está hecho solo para ti,
haz lo que tengas que hacer.

No siempre te
vas a sentir de lo mejor,
pero debes de seguir,

El poder está en tu mente
y tú también tienes el control de vivir.

Naciste para ser tu,
toma tu propio camino,

¡Por qué morir sin ser tú,
eso no es tu destino!

Gracias Dios

Él está aquí para ti,
Gracias Dios.

Él está preocupado por ti,
Gracias Dios.

Él te escucha cuando hablas,
Gracias Dios.

Te abraza y te besa,
Gracias Dios.

Dijo que nos uniremos,
Gracias Dios.

Nos amaremos incondicionalmente,
Gracias Dios.

Nos diremos que nos amamos,
Gracias Dios.

Siete De La Suerte

Hoy recibí un regalo del cielo los angelitos no mienten,
Tiene lindas orejitas, es mi suerte siete.

Te apreciaré y amaré con todo
mi corazón, cuerpo, y alma.

Te apoyaré y estaré para ti,
te mereces el mundo entero y la calma.

Te escucharé y te sonreiré
para que siempre vengas a mí.

Con lo bueno y lo malo,
te dejaré ser y vivir.

Por supuesto que te guiaré
por un maravilloso camino en la vida,

Estoy segura de que serás increíble,
solo cree y sube para arriba.

Hoy tengo en mi vida un regalo del cielo que estuvo
en mi vientre,
Tiene una naricita linda, es mi suerte siete.

Éxito, ¡Bebé!

Si te haces astronauta . . .
    asegúrate de ir hasta la luna,

Pero si te haces abogado . . .
    asegúrate de representar lo bueno que no quede duda.

Si te haces maestro . . .
    asegúrate de que todos tus alumnos aprendan,

Pero si te haces un atleta . . .
    practica, practica hasta que tu flema se encienda.

Si te haces dueño de un negocio . . .
    asegúrate de ser un líder,

Pero si te haces bombero . . .
    rescata a todos los que te lo piden.

Si te haces una estrella de cine . . .
    muestra tu amor a todos tus fans,

Pero si te haces policía . . .
    salva vidas porque sus vidas en tus manos están.

¡Lo que sea que quieras hacer . . .
    sé que mi bebé tendrá éxito!

Héroe

Eres fantástico como un héroe, transformador
con poderes, eres uno cero cero.

Te transformarás a como crezcas y florecerás
con riquezas, serás el mero mero.

Serás sabio lleno de poder, serás increíble.

Tus poderes son verdaderas bendiciones
donde nada será imposible.

Como el poder de tu voz para defender a tu gente.

Como el poder de tu vista para estar atentamente.

Y el enfoque en el camino paso a paso valientemente.

Como el poder de sentir las maravillas por tu vientre.

Las varias sensaciones harán que todo salga excelente.

Como el poder de oler, incluso tu propia éxito de repente.

Eso te hará respirar la vida
y apreciar generosamente.

Está Bien, Solo Sé

Querida, nadie es perfecto,
así que nunca trates de serlo.

Acéptate, pero cambia lo que puedas para
mantenerte fuerte y orgullosa de serlo.

Cometerás errores, pero aprende de todos ellos,

No siempre serás el primer lugar,
pero harás todo para serlo.

Todos tenemos defectos,
pero ámate a ti misma y sé,

Eres un regalo precioso; único a tu manera,
ten la mayor confianza y la fe.

Aprende A Perdonar

Habrá gente que te defraudará,
Aprende a perdonar.

Habrá gente que te hará triste,
Aprende a perdonar.

Habrá gente que te hará enojar,
Aprende a perdonar.

Habrá gente que te tratará mal,
Aprende a perdonar.

Habrá gente que te hará arrugar la frente,
Aprende a perdonar.

Aprende a perdonar, pero comparte lo que
es correcto, mantente fuerte,
y con calma al hablar.

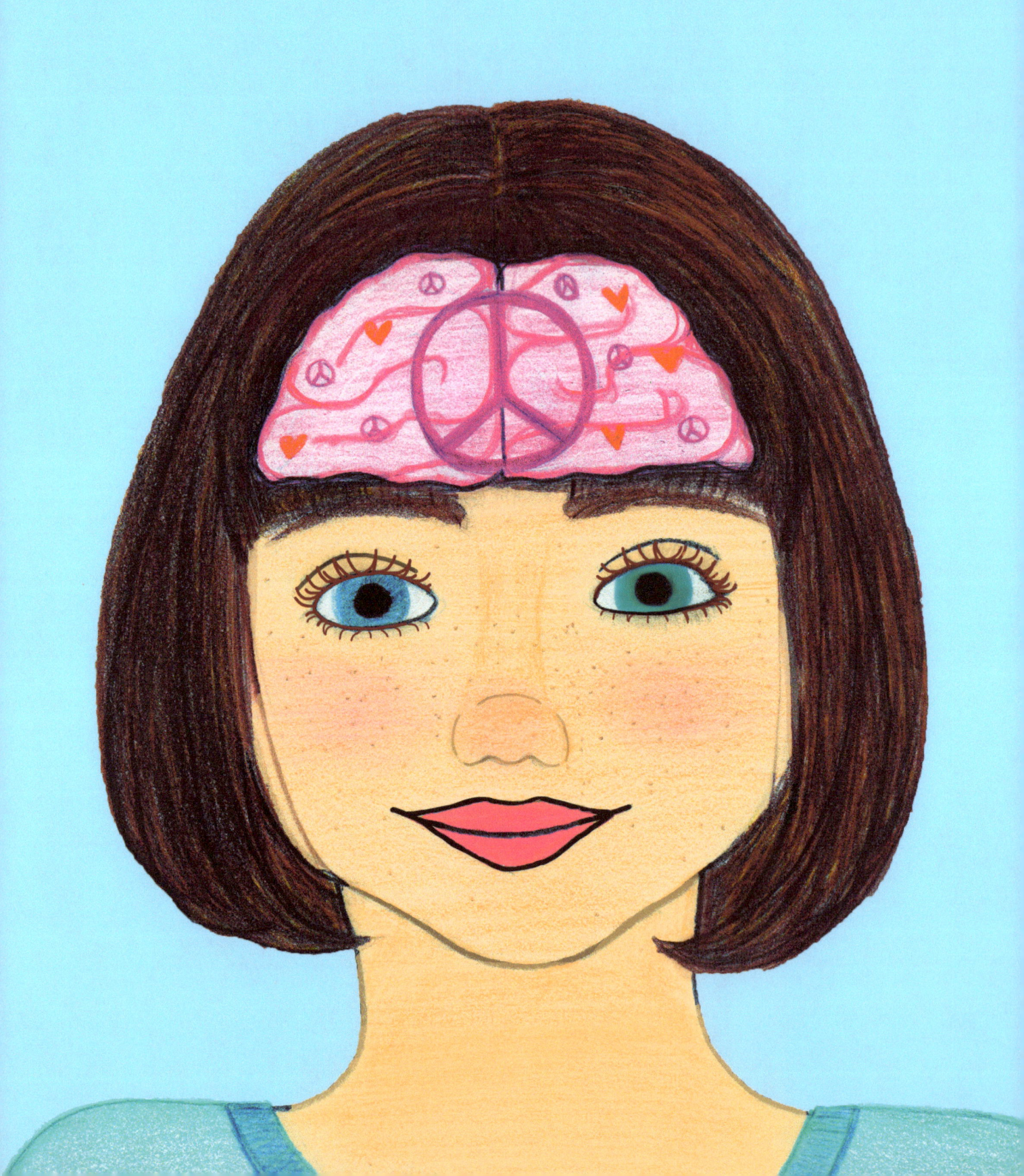

Mantén La Paz en Tu Mente

Mi amor,
mantén la paz en tu mente.

Las cosas sucederán donde no tienes control,

Mantén la paz en tu mente.

Escucharás cosas que no son para
que tu intervengas,

Mantén la paz en tu mente.

Te harán cosas decepcionantes,

Mantén la paz en tu mente.

Las cosas no siempre serán lo que esperas,

Mantén la paz en tu mente.

Trabaja en ti mismo, para controlar
lo único que puedes,

Mantén la paz en tu mente.

Eres Una Estrella Mi Amor

Eres una estrella
que brilla totalmente.

Brillarás toda tu vida
te lo digo sinceramente.

Estaré orgullosa de ti en
el camino de tu vida.

Porque sé que le echarás ganas
a lo que será la gira de tu vida.

Puro para adelante con fuerza, fe, y amor.

Ayuda al que puedas.

Tu humildad 100% al Señor.

Todos somos hermanos, únicos,
y hechos para triunfar.

Llega hasta arriba con
el corazón para la comunidad.

Gracias por leer Children's Lala-bies, un libro de poesía para niños. Espero que al leer este libro cambie tu vida como cambio la mía. Quise crear un libro para niños con la intención de crear unión familiar en todo el mundo. Hubiese deseado que mis padres hubieran tenido la oportunidad de recibir algo similar para crear unión en nuestro hogar, especialmente en mi niñez. Siento que mi vida hubiera sido diferente si alguien me haya contado todas las cosas que hoy escribí en este libro para ti. El "hubiera" no existe, así que ahora puedo cambiar tu vida y la de tus hijos con poemas de inspiración y positividad.

¡Gracias!

Para obtener más copias de este libro y / o productos, visítenos en:

LalabiesPublisher.com

Además, síganos en las redes sociales:

YouTube: Lalabies Publisher

Instagram: @LalabiesPublisher y @LalasChristmasTreeFoundation

Facebook: @LalabiesPublisher y @LalasChristmasTreeFoundation

Alejandra "Lala" Bustos nació en Guadalajara, Jalisco, México el 1ero de noviembre de 1983. Emigró a Estados Unidos a los 2 años de edad creciendo en un mundo bicultural. Su amor por las palabras comenzó desde muy pequeña cuando sentía la falta de afecto de sus padres e inició a escribir en diarios sobre su vida. Es maestra de matemática, se graduó de la prestigiosa Universidad de California, Los Angeles (UCLA). Su amor por la Filantropía llegó desde temprana edad formando parte de varias instituciones hasta que creó su propia fundación de nombre Lala's Christmas Tree Foundation, la cual ha regalado más de dos mil árboles a familias de bajos recursos en la área de Los Ángeles. Su amor por los niños y su auto-superación personal la llevaron a escribir este, su primer libro de poemas motivacionales llamado "Children's Lala-bies, Poemas Para El Alma".

Ahora es tu turno. Espero haberte inspirado lo suficiente como para escribir e ilustrar tus propios poemas en las páginas que siguen.

¡Tu dibujo va aquí!

Escribe tu poema en el espacio a continuación.

¡Tu dibujo va aquí!

Escribe tu poema en el espacio a continuación.

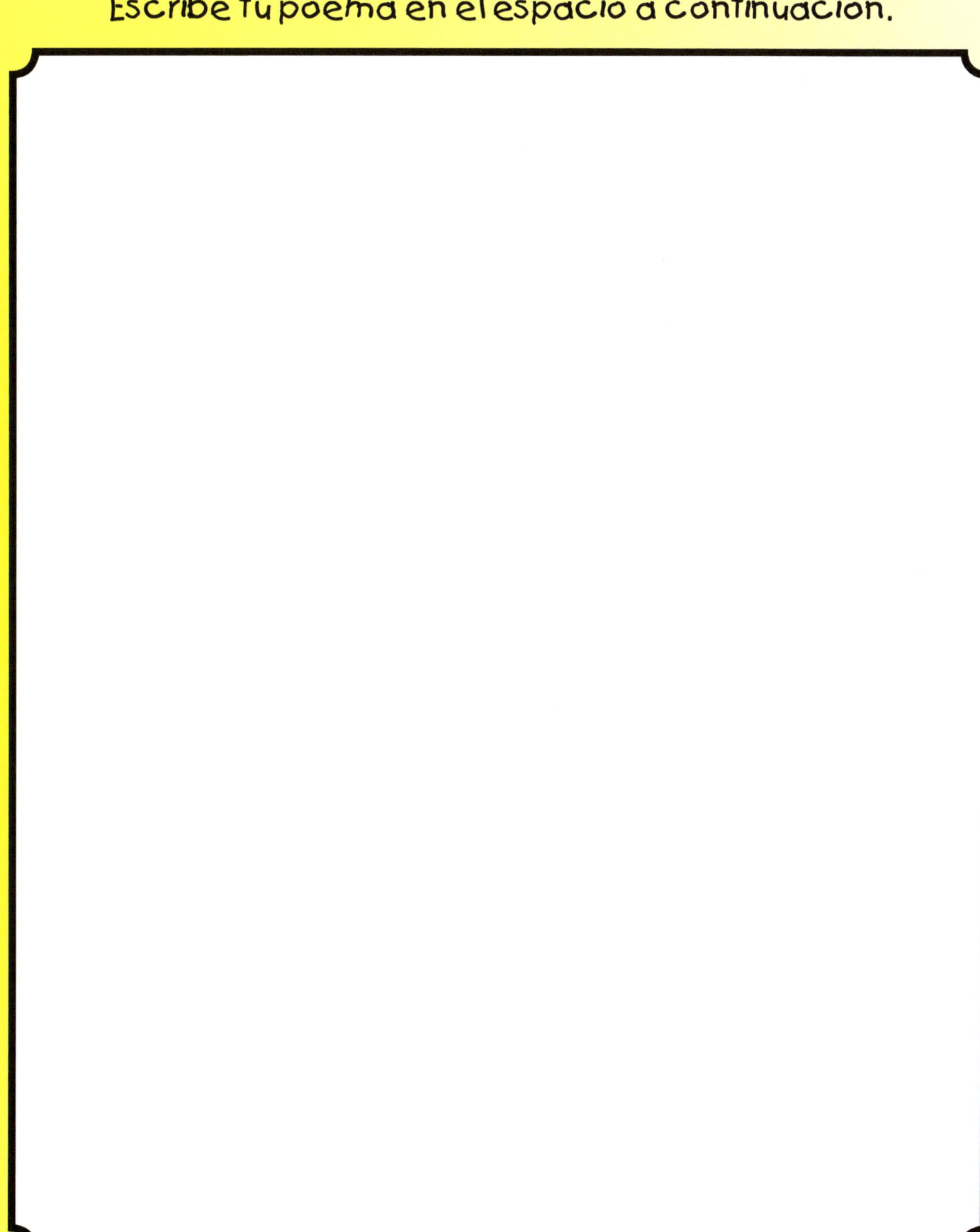

CPSIA information can be obtained
at www.ICGtesting.com
Printed in the USA
LVHW071932080120
642933LV00004B/13/P